AF279387

Isabel Lillo Gil

APULEYO EDICIONES   FOMENTO DE VALORES   CUENTOS ILUSTRADOS

Bruno aprende a ser FELIZ

APULEYO EDICIONES   FOMENTO DE VALORES   CUENTOS ILUSTRADOS

A Carlos, mi compañero "a través de..."

A Alonso, que con su bondad y curiosidad innata me inspiró para escribir Bruno.

Y a Álvaro, que a sus dos años ya pide hacer la gratitud y me convierte en una mamá orgullosa.

Ojalá nunca os falten tres cosas bonitas al acabar el día.

Os quiero.

ESCUELA

Era una tarde preciosa en el bosque, Bruno, un simpático conejito de color marrón y orejas blancas, volvía triste del colegio.

—¿Qué te pasa, Bruno? —le dice su madre cuando entra en la madriguera.

—Mamá, he tenido el peor día de mi vida. No quiero volver al colegio. Me he equivocado en una suma, me he tropezado en el patio con mis orejas y Ali, la ardilla, se ha reído de mi dibujo. ¡No es justo, a mí no me gustan sus dibujos y no me río de ella!

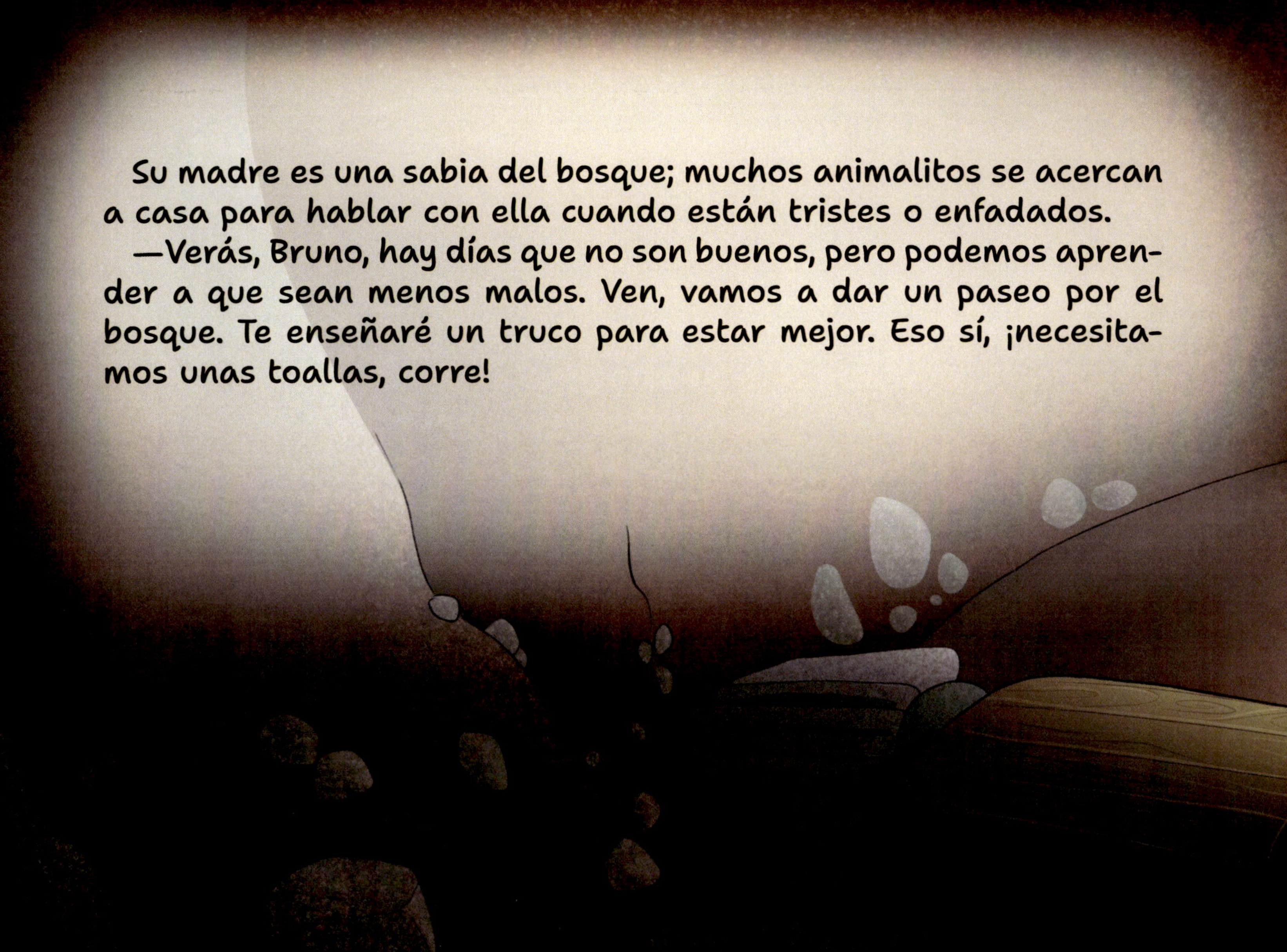

Su madre es una sabia del bosque; muchos animalitos se acercan a casa para hablar con ella cuando están tristes o enfadados.

—Verás, Bruno, hay días que no son buenos, pero podemos aprender a que sean menos malos. Ven, vamos a dar un paseo por el bosque. Te enseñaré un truco para estar mejor. Eso sí, ¡necesitamos unas toallas, corre!

Bruno y su mamá se acercan al verde prado y se tumban sobre la hierba.

—Dime, Bruno, ¿qué ves?

—Pues... veo el cielo. Hoy está muy bonito, es de un azul claro intenso, ¡como a mi me gusta! Me recuerda a los días de verano; cuando los días son taaan largos y paso tiempo jugando con mis amigos y amigas. Y... también veo muchos pajaritos volando. Algunos son más grandes y otros más pequeños. ¡Son de diferentes colores! La verdad es que es una tarde muy bonita.

—¡Qué bien, Bruno! Yo siento lo mismo. Dime una cosa: ¿has pensando en lo que ha ocurrido en el colegio o te has olvidado por un momento de este día tan malo?

—Pues…, mamá, ¡no me había vuelto a acordar! ¡¿Por qué me lo recuerdas ahora?! —replica molesto.

La mamá de Bruno lo mira con cariño y se sienta sobre sus dos patas.

—No es mi intención que te vuelvas a enfadar, Bruno, tranquilo. Solo quiero enseñarte una cosa; lo que ha ocurrido esta mañana no ha cambiado, pero tú te sientes diferente. A veces podemos elegir pensar en las cosas buenas o pensar en las malas. No podemos evitar sentirnos tristes; es más, la tristeza nos dice que algo malo nos ha pasado, pero no debemos pensar solo en las cosas negativas.

—¡Mamá, nunca había pensado en ello!

Bruno se levanta y vuelve a mirar el bosque. Los árboles tienen un color verde muy bonito hoy, puede ver a las ardillas subiendo por los árboles y a lo lejos, los ciervos descansan al sol...

—Mamá... ¿Y los días de lluvia? No podemos salir fuera a dar un paseo. Supongo... que puedo hacer otras cosas divertidas, como jugar a un juego de mesa o pintar, ¿verdad?

—Eso es, cariño, tienes que saber qué te gusta hacer cuando tienes un mal día. Ya sea dentro o fuera de casa, pero lo más importante es que encuentres algo que te guste hacer contigo mismo.

Bruno y su mamá se acercan al río. Hay muchas piedrecitas en la orilla y a Bruno no le gusta pisarlas. Siempre las salta para meterse directamente en el agua.

—Bruno, sé que no te gusta pisar las piedras del río, pero quiero enseñarte algo más. ¿Me acompañas al río atravesando las piedras? Será solo un minuto, pero merece la pena si quieres seguir aprendiendo.

Bruno confía en su mamá y juntos empiezan a caminar. Los conejos tienen las patas muy sensibles y Bruno nota cada piedrecita. Hay unas grandes, otras más pequeñas y otras tan pequeñitas que se meten entre sus uñas. Al llegar al río, Bruno no está seguro de que eso haya sido una buena idea.

—Bruno, has sido muy valiente al enfrentarte a las piedras del río. Somos conejos y podemos saltar y evitar así el suelo que no nos gusta. Pero a veces, esto no es posible porque no podemos saltar tan lejos como queremos, ¿sabes por qué te digo esto?

Bruno se queda pensativo. Alguna vez ha oído a su madre decir que caminar no siempre es fácil, pero hay que hacerlo si queremos ir a otro sitio. Si no, siempre viviríamos en la misma casa y en el mismo bosque.

—¡Creo que sí, mamá! Habrá momentos que no nos gusten, como lo que ha pasado hoy en el colegio. Pero yo puedo seguir caminando hasta llegar al río. ¡Puedo superar las piedras de mi camino!

—Eso es, cariño. Lo que te ha pasado hoy son las piedras del camino. Debes atravesarlas y, como lo has hecho fenomenal, mañana verás a tus amigos, aprenderás a hacer esa suma tan difícil y le explicarás a Ali, la ardilla, que lo que ha hecho no está bien. ¿Y sabes lo mejor?, que, tras pisar las piedras..., ¡nos vamos a dar un baño en el río! ¡Lo hemos hecho genial!

Tras un refrescante baño en el río, Bruno y Lana acaban sentándose en una pequeña cascada.

—Un último aprendizaje por hoy, ¿qué me puedes decir del agua?

—Pues me gusta y está fría.

—¿Y se mueve?

Bruno sabe que esa pregunta debe hacerle pensar, pero no se le ocurre nada. "¡Claro que se mueve el agua! —piensa—, ¿cómo no iba a hacerlo?, ¡están en una cascada!".

—Mamá, me temo que no te sigo.

Lana se acerca a un árbol y coge varias hojas del suelo. Se aleja de su hijo y coloca una de ellas en el río. Ambos ven como la hoja se desliza por el agua lentamente, llega hasta donde está Bruno y se aleja para no verla más.

Su mamá lo llama y ambos empiezan a colocar hojas en el agua, en silencio, sin prisa y ven cómo se deslizan.

—En la vida te ocurrirán cosas buenas, Bruno, como ganar una carrera o encontrar la zanahoria más sabrosa del bosque. También tendrás días malos y ocurrirán cosas malas, como no aprobar un examen después de haber estudiado mucho. Pero lo importante, Bruno, es recordar que todo lo que nos pasa se parece a las hojas del río, vienen y se van. Disfruta de las cosas buenas y cuando tengas pensamientos que no te hacen feliz, imagina que se deslizan por el río para no volver.

Empieza a atardecer y Bruno y Lana caminan hacia su madriguera. Bruno puede ver cómo el cielo comienza a cambiar de color, ahora es rosa y naranja. El señor Búho se está despertando y las ardillas están todas subidas en los árboles, preparando almendras fritas para cenar.

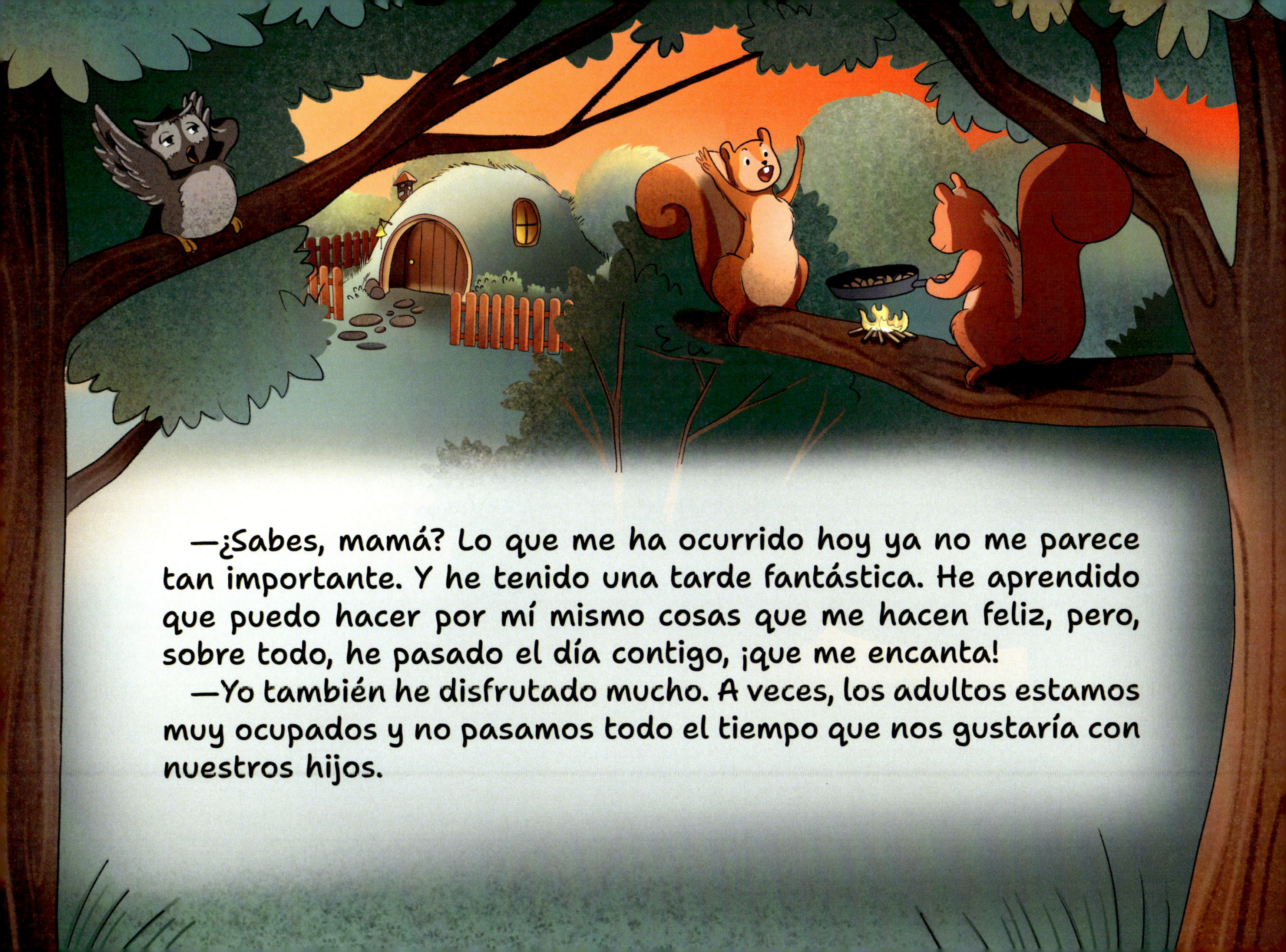

—¿Sabes, mamá? Lo que me ha ocurrido hoy ya no me parece tan importante. Y he tenido una tarde fantástica. He aprendido que puedo hacer por mí mismo cosas que me hacen feliz, pero, sobre todo, he pasado el día contigo, ¡que me encanta!

—Yo también he disfrutado mucho. A veces, los adultos estamos muy ocupados y no pasamos todo el tiempo que nos gustaría con nuestros hijos.

Al acercarse a la madriguera, ven todas las luces encendidas. ¡Papá ha vuelto a casa! El papá de Bruno, Olmo, ha llegado de trabajar y ha encendido la chimenea. Ha preparado una cena deliciosa; el olor a comida rica inunda el salón y Bruno le cuenta todo lo que ha aprendido ese día.

—¿Sabes lo mejor, Bruno? —le dice su papá—. Ahora que sabes cómo crear momentos bonitos para ti, seguro que se te ocurren mil formas de hacerlo. Puedes colorear, hacer manualidades, imaginar mundos extraños y dibujarlos o simplemente disfrutar de estar en tu madriguera, tranquilo y seguro, con tus papás, que te quieren... Las cosas más normales pueden ser geniales.

—¿A ti qué te ayuda a tener un día mejor, papá?

—A mí me gusta llegar a casa y veros. Y después cocinar despacio y disfrutar de una comida caliente y recién hecha. ¡Y por supuesto hornear tartas de zanahoria!. Cuando comes relajado, todo sabe mejor. Pero, sobre todo, me gusta pensar, antes de acostarme, en tres cosas bonitas que me han pasado a lo largo del día, lo llamo: "ejercicio de gratitud".

Bruno, al escuchar a su padre, comienza a pensar en todo lo que ha vivido ese día. Incluso, debe admitir que le han pasado cosas buenas en el colegio. No ha acertado la suma, pero sí le ha felicitado su profesora por leer muy bien. Y Ali, la ardilla, se ha reído de su dibujo, sí, pero Leo, el ratón, lo ha defendido.

Vaya, vaya..., quizá solo ha visto las cosas malas del cole. Quizá, su papá también era un sabio del bosque.

Gratitud

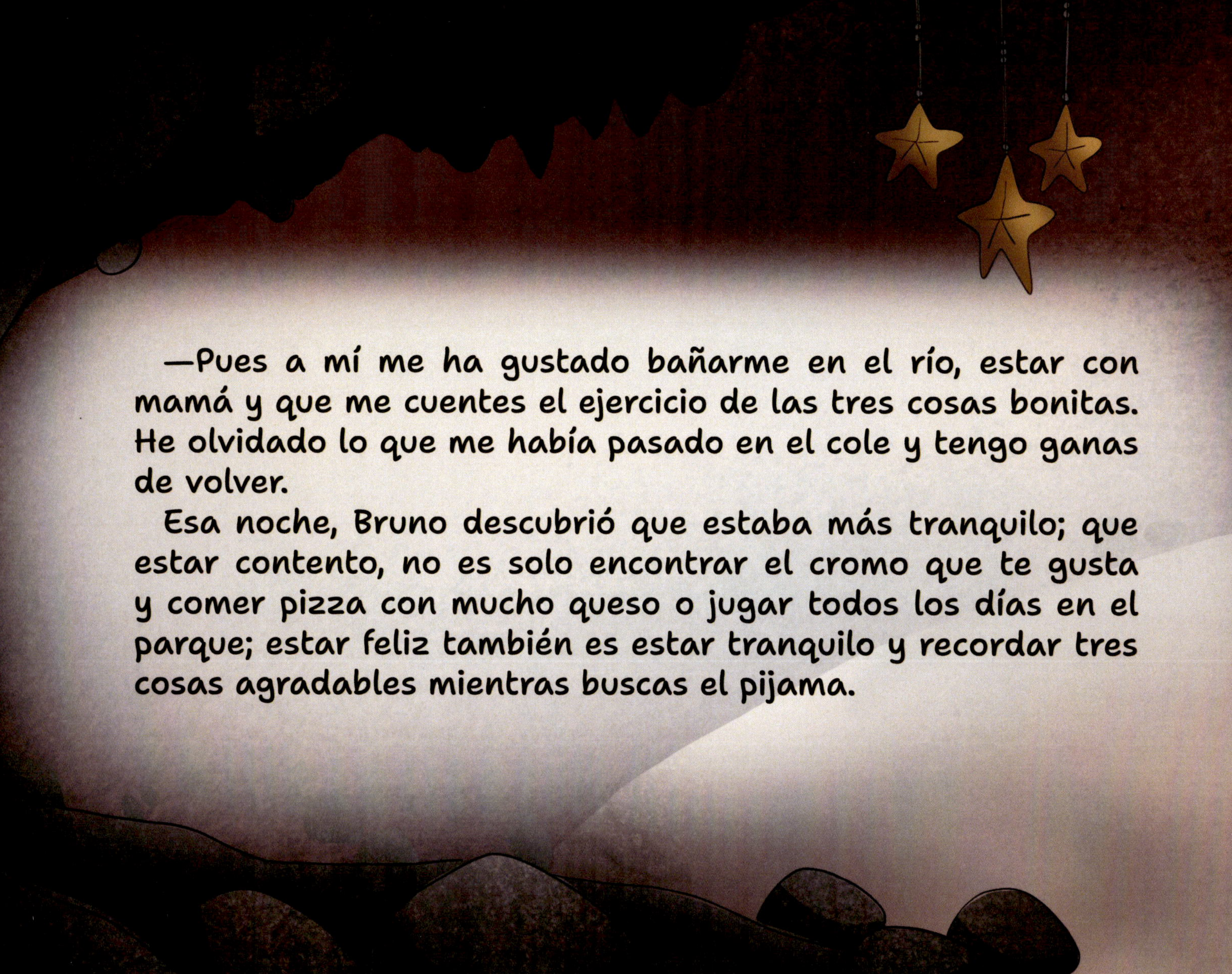

—Pues a mí me ha gustado bañarme en el río, estar con mamá y que me cuentes el ejercicio de las tres cosas bonitas. He olvidado lo que me había pasado en el cole y tengo ganas de volver.

Esa noche, Bruno descubrió que estaba más tranquilo; que estar contento, no es solo encontrar el cromo que te gusta y comer pizza con mucho queso o jugar todos los días en el parque; estar feliz también es estar tranquilo y recordar tres cosas agradables mientras buscas el pijama.

¿Y a ti, qué tres cosas buenas te han pasado hoy? ¿Te animas a hacer "la gratitud" con Bruno antes de irte a dormir?

Buenas noches...

Doy las gracias hoy por...